Der Einfluss von Sprache auf die Identitätsbildung in Terézia Moras Roman "Alle Tage"

Bibliografische Information der Deutschen Nationalbibliothek:

Die Deutsche Nationalbibliothek verzeichnet diese Publikation in der Deutschen Nationalbibliografie; detaillierte bibliografische Daten sind im Internet über http://dnb.d-nb.de abrufbar.

ISBN: 9783389041932
Dieses Buch ist auch als E-Book erhältlich.

© GRIN Publishing GmbH
Trappentreustraße 1
80339 München

Druck und Bindung: Books on Demand GmbH, Norderstedt Germany
Gedruckt auf säurefreiem Papier aus verantwortungsvollen Quellen

Das vorliegende Werk wurde sorgfältig erarbeitet. Dennoch übernehmen Autoren und Verlag für die Richtigkeit von Angaben, Hinweisen, Links und Ratschlägen sowie eventuelle Druckfehler keine Haftung.

Das Buch bei GRIN: https://www.grin.com/document/1484927

Universität zu Köln
Institut für deutsche Sprache und Literatur I

Proseminar *Gegenwartsliteratur*
WS 2021/22

Der Einfluss von Sprache auf die Identitätsbildung in Terézia Moras Roman *Alle Tage*

Lehramt an Berufskollegs, Fächerkombination: Deutsch und Förderschwerpunkt Lernen,
5. Fachsemester,
Prüfungstermin Klips 2.0: 15.03.22
Eingereicht am: 15.03.22

Inhalt

I

I. Einleitung

Was macht uns eigentlich aus? Ist es der Ort, an dem wir aufwachsen? Die Menschen, die uns in unserem Leben begleiten? Oder sind es doch die sprachlichen Einflüsse, die uns seit unserer Geburt eine Identität verschaffen? In der vorliegenden Arbeit möchte ich diesen Fragen genauer auf den Grund gehen und den Zusammenhang von Sprache und Identität am Beispiel des Protagonisten Abel Nema in Terézia Moras Roman *Alle Tage* untersuchen.

Bei dem Roman handelt es sich um ein sehr aktuelles Buch und die Auseinandersetzung mit Themen wie Migration, wie wir sie in *Alle Tage* vorfinden, ist auch ein Teil unser aller Leben. Terézia Mora, 1971 in Sopron in Ungarn geboren, lebt seit 1990 in Deutschland, schreibt erfolgreiche Romane und gehört zu den renommiertesten Übersetzer*innen aus dem Ungarischen. Ihre Romane handeln neben Migration auch von kulturellen Differenzen und Mehrsprachigkeit. Bei Betrachtung ihrer Werke, stellt sich auch die Frage, welchen autobiografischen Einfluss ihr eigenes Leben auf ihre Bücher hat. Einen Zusammenhang streitet sie aber seit jeher ab.

Als theoretische Grundlage werde ich zunächst, unter Rückbezug auf Christiane Thim-Mabreys Arbeit, den Begriff Identität definieren, um darauffolgend einen Bezug zwischen Sprache und Identität herstellen zu können. Dabei soll vor allem beleuchtet werden, inwiefern unser Platz in der Gesellschaft oder der eigene individuelle Sprachgebrauch einen Einfluss auf unsere Identität haben. Um die frühkindliche Entwicklung und den Ursprung der Identitätsbildung zu verstehen, gebe ich einen Einblick in die Theorie des *Spiegelstadiums* des französischen Psychoanalytikers Jacques Lacan. Darauf folgt die Beleuchtung der allgemeinen Relevanz der Sprache in Lacans Lehre, wobei ich auch kurz auf den Sprachwissenschaftler Ferdinand Saussure eingehen werde. Die Arbeit und Überlegungen der beiden Theoretiker bietet eine sehr gute Grundlage zu der Erforschung von Identitätskonstruktionen in dem vorliegenden Primärtext.

Im Analyseteil werde ich, unter Rückbezug auf den Theorieteil dieser Arbeit, den Roman *Alle Tage* und seinen Protagonisten Abel Nema untersuchen. Dabei steht die Bedeutung der Sprache für Abels Identität im Laufe des Handlungsverlaufs im
Mittelpunkt. Als Grundlage hierfür dient vor allem das letzte Kapitel des Romans, in welchem uns die Autorin einen differenzierten Einblick in Abels Wesen ermöglicht.

II. Identität – eine Definition

Christiane Thim-Mabrey beschreibt in ihrem Aufsatz *Sprachidentität – Identität durch Sprache. Ein Problemaufriss aus sprachwissenschaftlicher Sicht* den Versuch, eine geeignete Definition für den Begriff *Identität* zu finden, als „höchst komplex"[1]. Es ist auf Grund dieser Komplexität kaum möglich, eine allgemeingültige Definition für Identität zu finden, stattdessen kann der Begriff aus der Perspektive verschiedener Theoretiker beleuchtet werden. In Thim-Mabreys Aufsatz heißt es, dass Identität als „völlige Übereinstimmung mit jemandem, in Bezug auf etwas, Gleichheit" und zum anderen als „selbst erlebte Einheit einer Person"[2] verstanden werden kann. Identität kann also eine sehr individuelle und persönliche Eigenschaft sein, die die Persönlichkeit eines Menschen ausmacht. Bei der Auseinandersetzung mit dieser Definition wird allerdings sehr schnell klar, dass die Korrelation zwischen dem Individuum und der Gesellschaft für die Identitätsbildung von großer Bedeutung zu sein scheint. Besonders die Kommunikation und Interaktion mit der Gesellschaft, ist für die Definition von Identität in dieser Arbeit von hoher Relevanz und werden daher von mir besonders beleuchtet.

III. Der Zusammenhang von Sprache und Identität

Wie sich bereits gezeigt hat, ist der Kontakt zu anderen Menschen und Gemeinschaften ein maßgeblicher Faktor, wenn es um die Ausbildung der persönlichen Identität eines Individuums geht. Somit ist der Austausch mit anderen bzw. die sprachliche Kommunikation elementar für die Identitätsbildung. Die im Kindesalter erworbene Sprachfähigkeit beeinflusst jegliche Beziehungen zur Umwelt und die Gesellschaft hat neue, unbekannte Erwartungen an den Sprachgebrauch des jungen Individuums. Die Verwendung von Stimme und Wörtern wird zu einem „Teil eines neuen Elements der zukünftigen Identität."[2]

Sprache ist gleichzeitig auch das Hilfsmittel, seinen Platz in der Welt zu finden und sich dieser anzueignen: „Nicht nur Stempel und Prägung ist die Sprache, der Mensch ist nicht nur von ihr geformt, mit ihr baut und konstruiert sich der Mensch seine Welt, durch sie nimmt er die Welt wahr."[3] Es ist von großer Bedeutung, welche Sprache die eigene Muttersprache ist, da viele

---

[1] Thim-Mabrey, Christiane: Sprachidentität – Identität durch Sprache. Ein Problemaufriss aus sprachwissenschaftlicher Sicht. In: Janich, Nina/Thim-Mabrey, Christiane (Hg.): Sprachidentität – Identität durch Sprache. Tübingen: Gunter Narr Verlag Tübingen 2003, S.1–18, hier: S. 1 [2] Ebd.

[2] Erikson, Erik H.: Identität und Lebenszyklus: drei Aufsätze. Suhrkamp-Taschenbuch Wissenschaft. 28. Auflage. Berlin: Suhrkamp 2017, S. 142.

[3] Grözinger, Karl E.: Sprache und Identität im Judentum. Wiesbaden: Harrassowitz 1998. S. 7. [5] Luckmann, Thomas: Persönliche Identität, soziale Rolle und Rollendistanz.

Sprachen von Grund auf Unterschiede aufweisen können. Diese Unterschiede können kulturelle, gesellschaftliche und moralische Werte und verschiedene Einstellungen sein. Erlernt ein Individuum die ihn umgebende Sprache, ermöglicht dies ein Leben in der entsprechenden Gesellschaft. „Eine bestimmte Sprache ist also immer ein Bestandteil des gesellschaftlichen a priori, dass die Entwicklung der persönlichen Identität unausweichlich mitbestimmt und begrenzt."[5]

Im Mittelpunkt des Spracherwerbs steht nicht nur die Herausbildung einer Verbindung zur Umwelt des Sprechers, sondern auch eine Herausbildung einer individuellen Sprechweise, mit der sich das Individuum in Form von Wortwahl oder Dialekt von der Gruppe abhebt.[4] „Die Sprache des Einzelnen gehört zu dessen herausragenden Mitteln, sich eine eigene Identität zu verleihen und somit jener Verbindung [zwischen Individuum und Gesellschaft] ein unverwechselbar persönliches Gepräge zu geben."[5] Sprache, so formuliert es Thim-Mabrey, fungiert somit als „Medium der Selbstdarstellung, und das heißt: der Präsentation der eigenen Identität, selbst gestaltet: durch Wahl, Verwendung und punktuelle Um- und Neugestaltung sprachlicher Mittel und Verfahren."[6] Menschen möchten sich „auch auf einer sprachlichen Ebene repräsentiert [zu] fühlen"[9] und dieses „Bedürfnis nach Identität durch Sprache und Sprachidentität, ist ein genuin menschliches, das sich im Zusammenleben mit anderen ergibt."[7] Durch das Erlangen der Mehrsprachigkeit, findet sich der Mensch in verschiedenen sozialen Rollen wieder, die ihm einen Perspektivenwechsel auf die Welt und sich als Individuum ermöglichen. „Er gerät [...] mit dieser Doppelzüngigkeit in ein intensiveres Gespräch mit sich selbst, er steht öfters neben sich und wird zum Beobachter seiner selbst."[8] Eine im Erwachsenenalter erlernte Fremdsprache ist zudem im Allgemeinen mit weniger Emotionen verbunden als die der eigenen Muttersprache, „da die inneren und äußeren Objekte in ihr nicht so affektiv besetzt"[9] sind. Sprache stellt mehr als nur ein einfaches Mittel zur Kommunikation

---

In: Marquard, Odo, und Karlheinz Stierle (Hg.): Identität. 2. Auflage. München: Wilhelm Fink Verlag 1996 (Poetik und Hermeneutik. 8), S. 293–313, hier: S. 302.
[4] Thim-Mabrey: Sprachidentität, S. 4.
[5] Stern, Heiko: Sprache zwischen Exil und Identität. Die Konstitution von Heimat durch Sprache bei Elisabeth Augustin. In: O'Dochartaigh, Pól (Hg.): Jews in German literature since 1945. German-Jewish literature. Amsterdam: Rodopi 2000, S. 77–93, hier: S.77.
[6] Thim-Mabrey: Sprachidentität, S. 3. [9] Ebd.
[7] Ebd.
[8] Ludin, Joseph: Doppelzüngigkeit und Mehrzüngigkeit. Sprechen und Identifizieren in der psychoanalytischen Erfahrung. In: Grözinger, Karl E. (Hg.): Sprache und Identität im Judentum. Wiesbaden: Harrassowitz 1998, S. 15–28, hier S. 26.
[9] Ebd., S. 25.

dar, „sie ist vor allem ein Werkzeug kultureller Konstruktion, mit dessen Hilfe unsere wahre Identität und unser wahrer Sinn konstituiert werden."[10]

1. Jacques Lacan – *Das Spiegelstadium*

Bei Jacques Lacan handelt es sich um einen französischen Psychoanalytiker, der die Lehre Freuds weiterentwickelte und reformierte. Er formuliert 1936 die Theorie des *Spiegelstadiums*, die besagt, dass das Individuum durch die Wiedererkennung im eigenen Spiegelbild anfängt, sich selbst zu identifizieren und somit zu verwandeln.[11] Diese Theorie hat ihren Ursprung in Beobachtungen des Psychologen James Mark Baldwin. Baldwin fiel auf, dass sich Kinder im Alter des sechsten und 18. Lebensmonat im Spiegel erkennen und eine jubilatorische Geste ausführen. Zunächst ist es dem Kind nicht möglich, die eigenen Gesten mit den Bewegungen im Spiegel zu verknüpfen. Doch im Laufe der Zeit ist es dazu fähig, sich seinen Körper auch ohne das Abbild im Spiegel in Gewissheit zu rufen. Die bereits genannte jubilatorische Geste des Kindes macht deutlich, dass es sich ohne Defizite und als vollkommen wahrnimmt.[12] Das eigene Spiegelbild ist somit eine Illusion, da dem Individuum Instinkte fehlen, die das Verhältnis zwischen Organismus und Umwelt regulieren. Diese Illusion des Ichs, benennt Lacan mit dem französischen Wort *moi*. In Lacans Theorie bezeichnet er den Begriff des *moi* auch als *Ideal-Ich*. Unsicherheiten der Unvollkommenheit des Kindes treten zunächst in den Hintergrund, da es sich im Spiegelbild als vollkommen ansieht. Doch nach und nach kann es durch die Wahrnehmung des anderen dazu kommen, dass Unsicherheiten auftreten.[13] Das Spiegelstadium ist somit eine Art Metapher für die erste Selbsterkenntnis.

Vor dem Eintritt in das Spiegelstadium, besteht das sogenannte *je*. Der Begriff *je* meint den Körper des Ichs, also die eigentliche Person, ohne die Wiedererkennung des Spiegelbilds. Lacan stellt den Bezug zwischen *moi* und *je* insofern da, dass es durch die Überwindung der Unstimmigkeiten zwischen den beiden zu einem EinsWerden des Subjekts kommt.[14] Durch das Spiegelstadium wird somit „eine Beziehung [...] zwischen dem Organismus und seiner Realität – [...] zwischen Innenwelt und der Umwelt"[15] hergestellt.

---

[10] Chambers, Iain: Migration, Kultur, Identität. Tübingen: Stauffenberg Verlag 1996, S. 28.
[11] vgl. Lacan, Jacques/ Haas, Norbert (Hg.): Schriften I. Frankfurt am Main: Suhrkamp 1973, S. 64.
[12] Vgl. Ebd., S. 63.
[13] Vgl. Widmer, Peter: Subversion des Begehrens. Jacques Lacan oder die zweite Revolution der Psychoanalyse. Frankfurt am Main: Fischer Taschenbuch Verlag 1990, S. 29 f.
[14] vgl. Lacan: Schriften I, S. 64
[15] Ebd., S. 66

4

Lacan stellt dem Eins- Werden des Subjekts ein Phantasma entgegen, das er *Phantasma des zerstückelten Körpers* nennt. In diesem sogenannten Phantasma droht der Körper seine Ganzheit zu verlieren und sich in Stücke aufzulösen. Dies äußert sich in Träumen, Halluzinationen oder psychotischen Störungen. Das Ich, also das *je,* ist sehr fragil und steht immer in Gefahr sich aufzulösen. Deshalb muss es gegen diese Vorstellungen kämpfen,

die, ausgehend von einem zerstückelten Bild des Körpers, in einer Form enden, die wir in ihrer Ganzheit eine orthopädische nennen könnten, und in einem Panzer, der aufgenommen wird von einer wahnhaften Identität, deren starre Strukturen die ganze mentale Entwicklung des Subjekts bestimmen wird.[16]

Um Bestand zu haben und um die Funktion des wahren Subjekts zu erreichen, muss sich das *je* optimieren und weiterentwickeln. Das Spiegelstadium stellt im Prozess der Identitätsbildung nur die erste Phase der Ich-Bildung dar. Daher bildet sich das Individuum durch die Gesellschaft in der es lebt aus.

Auf das *Spiegelstadium* folgt die *ödipale Phase.* In dieser Phase beginnt das Subjekt, seine Mängel zu akzeptieren und sich somit einen Platz in der Gesellschaft zu verschaffen, um seine Existenz als wahres Subjekt abzuschließen. Durch die nicht vollendete Ich-Bildung kann es dazu kommen, dass das Individuum unter Psychosen, Charakterpathologien und psychosomatischen Störungen leidet.

2. Die Bedeutung der Sprache in Lacans Lehre

Bei der Untersuchung der Bedeutung von Sprache in der Lehre Lacans ist die Definition der Begriffe *Signifikat* und *Signifikant* essenziell. Dabei handelt es sich um Begriffe, die der Sprachwissenschaftler Saussures in seiner Sprachtheorie zu der *langue* und *parole*[17] zum einem als das Bezeichnete (*Signifikat*) und das Bezeichnende (*Signifikant*) definiert. Das *Signifikant* ist das Lautbild des sprachlichen Zeichens und das *Signifikat* meint „den Begriff bzw. die Vorstellung dessen, was es bezeichnet".[18] Hinzu kommt noch die sogenannte *langage,* die allgemeine Sprachfähigkeit des Menschen. Saussures Theorie besagt, dass Sprache sich aus der Beziehung unterschiedlicher Zeichen bildet.

Es lassen sich in seiner Lehre wichtige Kriterien für den Ursprung der Sprache erkennen:

---

[16] Lacan: Schriften I, S. 67
[17] Bei der *langue* handelt es sich um den Begriff für Sprache an sich und *parole* meint die „allgemeine Sprachaktualisierung" also den Akt des Sprechens.
Pagel, Gerda: Jacques Lacan. Zur Einführung. Hamburg: Ed. SOAK im Junius-Verlag 1989, S. 40.
[18] Ebd.

Die Zeichen bilden keine von vornhinein gegebenen Ideen oder Dinge ab, sondern stellen Werte dar, die sich bestimmen aus der Stellung. (Vergleichbar etwa dem König beim Schachspiel, der für sich allein betrachtet nichts wert ist. Er erhält erst Geltung innerhalb des Systems des Spiels. Ganz gleich, aus welchem Material er ist und welche Form er hat, verkörpert er seinen Wert erst in der Differenzierung zu anderen Figuren.)[19]

Somit hat „das einzelne Zeichen keinen positiven Charakter"[20], sondern ist „durch seine Beziehung zu anderen Zeichen, durch negative Abgrenzung zu ihnen, gekennzeichnet."[24] Für Lacan, anders als bei Saussure, der das *Signifikat* dem *Signifikanten* überordnet, steht der *Signifikant* über dem *Signifikat*. Saussure beschreibt „das Zeichen *(Signifikat/Signifikant)* als konkretes Element der Sprache und letztere als geschlossenes System von Gegensätzen"[21]. Lacan möchte hingegen

zeigen, daß [sic!] gerade das relativ Bedeutungslose das eigentlich Effektive sein kann: das, was zählt und nicht das, was sprachlich intendiert; das, von dem es erhascht wird, und nicht das, was es zu erhaschen versucht. Nicht darin liegt der Effekt des Signifikanten, daß [sic!] er Inhaltsschwere besitzt oder an sich Bedeutung hat, sondern einzig und allein in seiner Verweisung auf etwas anderes, das seinerseits Signifikant ist.[22]

Somit das *Signifikat,* immer eine Art Produkt dar, „das aus der Bewegung und Wirksamkeit des Signifikanten hervorgeht."[27]

VI. Der Roman *Alle Tage*

2004 erscheint das zweite Buch Moras, ihr Debütroman *Alle Tage*. Er wird von vielen Kritikern als ein Meisterwerk der gegenwärtigen Literatur gelobt: „Ein wahres Wunderbuch. Ein Buch voller schönster Seltsamkeiten. Ein kleines Welt-Buch ganz für sich."[23] Der Roman beginnt mit den Worten: „Nennen wir die Zeit jetzt, nennen wir den Ort hier. Beschreiben wir beides wie folgt."[24] und wir befinden uns an einem unbestimmten Ort, zu einer unbestimmten Zeit. Bei dem Protagonisten Abel Nema handelt es sich um einen Geflüchteten, der, abgelehnt von dem Schulfreund Ilia, in den er sich verliebt hatte, aus einem von Krieg gezeichneten Land flieht. Er kann nicht zurück, ist heimatlos und findet sich als Deserteur in

---

[19] Ebd., S. 41.
[20] Ebd., S. 40.
[24] Ebd.
[21] Ebd., S. 43.
[22]Ebd. [27] bd.
[23] Weidermann, Volker: Terézia Moras Roman „Alle Tage". Aus einer anderen Welt. In: https://www.faz.net/aktuell/feuilleton/buecher/terezia-moras-erster-roman-alle-tage-1171985.html (15.03.22).
[24] Terézia Mora: Alle Tage. München: Luchterhand Literaturverlag 2004, S. 9f. In Folge zitiert im Fließtext als AT.

der Stadt B. wieder. Auf Grund eines Gasunfalls erlangt er auf wundersame Weise die Fähigkeit, Wörter perfekt zu memorisieren und somit ein besonderes Sprachtalent zu entwickeln. Dieses Sprachtalent prägt den Weg des Protagonisten, auf dessen Gedanken der Leser so gut wie keinen Zugriff hat. Lediglich die Nebenfiguren des Romans bieten Identifikationsfläche, nur das vorletzte Kapitel *Delirium* gewährt uns einen Einblick in Nemas Kopf, da dieses erstmals aus der Ich-Perspektive des Protagonisten geschrieben ist.

1. Die Bedeutung der Sprache für Abel Nemas Identität

Beim Lesen des Romans ist es schwer, sich ein Bild von der Identität des introvertierten Protagonisten zu machen, da dieser nur selten spricht. Auch egal an welchen Ort sich Abel Nema begibt, durch seine stumme Art bleibt er ein Fremder. Durch das Erlernen von zehn Sprachen im Sprachlabor, versucht er der Instabilität seiner Gegenwart, der Heimatlosigkeit durch seine Flucht, entgegenzuwirken. Die Sprachen, die er lernt, beherrscht er zwar fehlerfrei, aber auf eine so mechanische Weise, dass nicht mehr zu erkennen ist, woher diese stammen. Sein Mentor und Professor Tibor B. beschreibt Nema wie folgt:

> Er hat die gleichen Probleme wie jeder Emigrant: er braucht Papiere und er braucht Sprache. […] Letzteres hat er so gelöst, dass er einfach perfekt geworden ist, und das gleich zehnmal, und zwar so, das glaubt man nicht, dass er den Großteil seiner Kenntnisse im Sprachlabor erworben hat, so wie ich es sage: von Tonbändern. […] Deswegen ist alles, was er sagt, so, wie soll ich sagen, ohne ORT, so klar, wie man es noch nie gehört hat, kein Akzent, kein Dialekt, nichts – er spricht wie einer, der nirgends herkommt. (AT, S. 13)

Seine Fremdheit bzw. Heimatlosigkeit wird im Roman durch die Metapher einer „Landschaft" noch einmal besonders hervorgehoben:

> jetzt war das Innere seines Mundes das einzige Land, dessen Landschaften er bis ins letzte kannte. Die Lippe, die Zähne, die Alveolen, Palatum, das Velum, die Uvula, die Lingua, der Apex, das Dorsum, die Zungenwurzel, der Kehlkopf. (AT, S. 100)

Diese Textstelle zeigt jedoch, dass Abel Nemas „Versuch, die Sprache im wissenschaftlichen Sinne perfekt zu beherrschen, in auffälligem Kontrast zu einer Unfähigkeit zur Kommunikation bzw. sich artikulieren steht."[25] Sein Mitbewohner Konstantin bezeichnet den stillen und in sich gekehrten Nema nur als „fiktiven Mitbewohner" der „kein Interesse an irgendwas zu haben

---

[25] Kegelmann, René: Emigriert. Zu Aspekten von Fremdheit, Sprache, Identität und Erinnerung und Herta Müllers *Reisende auf einem Bein* und Terézia Moras *Alles*. In: Motzan, Peter (Hg.): Wahrnehmung der deutsch(sprachig)en Literatur aus Ostmittel- und Südosteuropa - ein Paradigmenwechsel? : Neue Lesarten und Fallbeispiele. München: IKGS-Verlag 2009, S. 258.

scheint" und „keine drei Worte am Tag" (AT, S. 100) sprach, was dessen Wirkung auf andere noch einmal unterstreicht. Sein Sprachtalent bewirkt nur eine Abgrenzung von der Gesellschaft, statt ihm bei der Sozialisierung zu helfen und trägt keinesfalls dazu bei, ihm in irgendeiner Form Identität zu verschaffen.

Wie ich in dem Kapitel *Der Zusammenhang von Sprache und Identität* schon erläutert habe, ist ein individueller Sprachgebrauch, beispielsweise in Form von Dialekt, elementar für die Verbindung zwischen dem Individuum und dessen Umwelt. Abel Nema ist durch das nahezu mechanische Erlernen der vielen Sprachen nicht fähig, sich mit Dialekt von der Masse abzuheben und strahlt somit keine Individualität aus. Die Nebenfiguren des Romans finden somit nie einen richtigen Zugang zu Abel. Auf der einen Seite gibt das Erlernen der Sprachen ihm Sicherheit, anderseits bewirkt dies nur, dass er isoliert von der Gesellschaft ist.

2. Identität in Scherben – Abels Delirium

Mit den Worten „Und ich- also: Ich- […]." (AT, S. 359) beginnt das Kapitel *Delirium* und bietet dem Leser das erste Mal im Roman einen Einblick in das Innere der Hauptfigur. Nachdem Abel kopfüber hängend und zugerichtet an einem Klettergerüst gefunden wird, findet er sich im Krankenhaus wieder. Er hat Glück und überlebt. Aber neben einer Amnesie trägt er vor allem eines davon: den Verlust seiner erlernten Sprachen. (AT, S. 427)

Während seines Deliriums verliert Abel den Bezug zu seinem Körper, fühlt sich, als wäre er in „Brocken verteilt" (AT, S. 359), als würde er nur noch aus Fragmenten bestehen.

„Wo ist mein Bein, mein Kopf, meine Hand? Ist dieses versteinerte Glied meins? Dieser archaische Torso? [...] Das ist nicht meine Wade, das sind nicht meine Hoden, diese Brüste nehme ich gern. Wenngleich die meisten Teile mit Styropor ergänzt worden sind. Überall Risse. I`m puzzled." (Ebd.)

Er beschreibt, dass er aus Körperteilen bestehe, die nicht seine seien, was darauf hinweist, dass er nur aus Teilen Anderer besteht und seine eigene Identität unvollkommen ist. Der Satz „I´m puzzled." (Ebd.) kann unterschiedlich interpretiert werden. Einerseits könnte dieser Satz seine Verwirrung ausdrücken, da er sich durch seinen Sprach- und Gedächtnisverlust in einem sehr schlechten Zustand befindet. Anderseits könnte es sein, dass er sich wie ein Puzzle fühlt, welches aus Teilen Anderer Menschen besteht. Alle Informationen zur Erschließung Abels Identität, sind nur den Beschreibungen der Nebenfiguren zu entnehmen, was diese These bestätigen würde. Dieses Puzzle kann jedoch sehr instabil sein und jeden Moment in alle

Einzelteile zerbrechen. Des Weiteren könnte das Puzzle auch eine Metapher für ein Rätsel sein, da im Verlaufe des Buches Abel häufig als ein sehr mysteriöser Mann beschrieben wird, den man sehr schlecht einschätzen und verstehen kann. Das Motiv des Puzzles findet sich auch in anderen Stellen des Buches wieder, seine Frau Mercedes beschreibt ihn wie folgt:

> Jemand, eine Erbtante namens Vorsehung, hat mir ein gigantisches Ehemann-Puzzle geschenkt, Stück für Stück nähere ich mich von den Rändern an, Beobachtungsgabe und Ausdauer werden trainiert, mit einem Wort: Es ist Mühsal, aber man kann nicht aufhören damit, noch nicht, wenn auch das Ergebnis vorausschaubar und, geben wir´s zu, meistens enttäuschend ist: ein zweidimensionales, von Rissen durchzogenes Bild. (AT, S. 302)

Genau diese Zerstückelung des Geistes findet man auch in Lacans Theorie wieder. Wie ich bereits in dem Kapitel *3.1. Jacques Lacan - Spiegelstadium und Sprache* erläutert hab, findet sich das *Phantasma* häufig in Psychosen und Träumen wieder. Das Empfinden des „zerstückelt sein" entwickeln sich im Spiegelstadium und stehen für die Erkenntnis, dass der Körper und Geist unvollkommen sind. In dem *Phantasma* kann auch der Ursprung der Aggressivität liegen. Bei der Betrachtung im Spiegel während des Spiegelstadiums, kann das Spiegelbild auch als Rivale oder böser Doppelgänger missverstanden werden. Es kann vorkommen, dass beim Betrachten des Spiegelbilds keine Einheit mit dem imaginären Abbild erkannt werden kann und somit ein Wutgefühl entsteht. Abel selber fand sich bereits in solch einer Situation wieder, in der er, wütend auf Grund der Ablehnung durch seine erste Liebe Ilia, ein Zimmerfenster eintrat, weil er sich darin spiegelte. Während seines Deliriums, in dem er sich ebenfalls, wie ein Scherbenhaufen sieht, äußern sich erneut diese aggressiven Wesenszüge:

> „Manchmal, sage ich, bin ich von Liebe und Hingabe ganz erfüllt. So ganz und gar, dass ich fast aufhöre, ich zu sein. Meine Sehnsucht, sie zu sehen und zu verstehen, ist so groß, dass ich mir wünsche, die Luft zwischen ihnen zu sein, dass sie mich einatmen und ich ein mit ihnen werde bis hinunter in die letzte Zelle. Ein anderes Mal bin ich wiederum so überschwemmt von Ekel, wenn ich sie vor mir sehe, diese Kadavermünder, wie sie essen und trinken und reden, und alles in ihnen wird zu Morast und Lüge, und ich fühle, wenn ich mir das noch einen Augenblick länger ansehen und anhören muss, werde ich auf das nächstbeste Gesicht so lange einprügeln, bis nichts mehr davon übrig ist." (AT, S. 404f.)

In dieser Textstelle wird die Beziehung zwischen dem *moi* und dem *je* noch einmal sehr deutlich. In der zuvor zitierten Textstelle beschreibt Abel, wie er sich mit „ihnen" vereinigen möchte. Mit diesem „ihnen" meint er seine Umgebung und Mitmenschen. Diesen Prozess kennen wir bereits aus dem Spiegelstadium, in welchen Beziehungen zu anderen Objekten ebenfalls wichtig sind. Wenn die Vereinigung zwischen Abel und „ihnen" gelingt, könnte er sich endlich als vollendet erfahren, da das *je* und *moi* eins werden. Dem steht allerdings gegenüber, dass er genau diesen Objekten sehr aggressiv, sogar angeekelt, gegenübersteht und sie zerstören möchte. Dieses Verhalten resultiert ebenfalls aus denen im *Phantasma* entstandenen Aggressionen.

Nach Verlust seines Sprach- und Urteilsvermögens in dem Kapitel *Delirium* und nach Erwachen aus seinem Koma, scheint Abel in dem Kapitel *Ausgang* endlich Frieden zu finden. Er findet sich im Kreise seiner Familie wieder, seine Frau Mercedes und sein Stiefsohn Omar sitzen an seinem Krankenbett. Er hat nun auch eine kleine Tochter, die Scheidung scheint aufgehoben und das Bild perfekt. (AT, S. 429) Das Einzige, was ihm noch bleibt ist seine Muttersprache, von der er nur einen Satz sprechen kann: „Das ist gut!" (AT, S. 427) Abel scheint Frieden mit sich und der Welt geschlossen. Auch die Schlussworte des Romans unterstreichen dies noch einmal deutlich:

„Am liebsten sagt er immer noch: Das ist gut. Die Erleichterung, ja, das Glück, diesen Satz aussprechen zu können, ist ihm so deutlich anzusehen, dass ihm die, die ihn lieben, jede Gelegenheit dazu bieten. Er spricht es dankbar aus: Das ist gut. Ein letztes Wort. Es ist gut." (AT, S. 430)

Melanie Fröhlich schreibt in ihrem Aufsatz „Als wäre der Raum aus der Zeit geraten": Mora lässt ihren Helden [auch] in sprachlicher Hinsicht heimkehren."[26]

V. Fazit

Die vorliegende Arbeit hat gezeigt, dass Sprache und Spracherwerb von besonderer Bedeutung für die Identitätsbildung eines Menschen sind. Besonders der Dialekt einer bestimmten Region oder die Sprache eines Landes an sich, sind Kultur- und Geschichtsträger. Durch Sprache fühlt sich der Mensch seiner Kultur oder seines Landes zugehörig und daher ist sie eine wichtige Grundlage für die soziale bzw. gesellschaftliche Entwicklung. Kommunikation spielt dabei eine entscheidende Rolle. Durch diese wird die Vermittlung gesellschaftlicher Grundlagen und sozialer Systeme erst möglich gemacht. Mehrsprachigkeit kann dabei ein großer Vorteil sein, aber der Protagonist Abel Nema ist auf Grund von Differenzen in seinem Spiegelstadium nicht fähig dazu, sein Sprachtalent für seine Sozialisation zu nutzen. Er findet keinen Zugang zu Gemeinschaften und die Nebenrollen nehmen ihn ebenfalls als mysteriösen Außenseiter wahr.

---

[26] Fröhlich, Melanie: Als wäre der Raum aus der Zeit geraten. Formen einer Sprache der Unsagbarkeit und Undarstellbarkeit in der transkulturellen Literatur, veranschaulicht am Roman *Alle Tage* (2004) von Terézia Mora. In: Zeitschrift der Germanisten Rumäniens Jahrgangs-Nr. 2007, Heft-Nr. 1, S. 62–75, hier: S. 72

Erst nach seinem Unfall und dem Verlust seiner Mehrsprachigkeit, scheint sich Abels wahre Identität herauszukristallisieren. Seine Identität ist auf Grund des *Phantasmas* nach Lacans Theorie zerstückelt und beruht nur auf den Identitätsteilen der Menschen in seinem Umfeld. Erst am Ende, des Romans unterliegt Abel keinem Druck mehr und kann endlich glücklich und zufrieden sein. Er schließt Frieden mit sich und seiner Vergangenheit. Doch letztlich lässt sich nach Lesen des Romans nicht genau sagen wer Abel Nema eigentlich ist, da sich das Gefühl der Fremdheit auch nach der letzten Seite nicht ganz abschütteln lässt. Moras Protagonist wird auch für mich immer ein Puzzle sein, welches nicht ganz zu lösen ist.

Wörter: 4016

VI. Literaturverzeichnis

Quellen:

Terézia Mora: Alle Tage. München: Luchterhand Literaturverlag 2004.

Darstellungen:

Chambers, Iain: Migration, Kultur, Identität. Tübingen: Stauffenberg Verlag 1996.

Erikson, Erik H: Identität und Lebenszyklus: drei Aufsätze. Suhrkamp-Taschenbuch
Wissenschaft. 28. Auflage. Berlin: Suhrkamp 2017.

Grözinger, Karl E.: Sprache und Identität im Judentum. Wiesbaden: Harrassowitz Verlag
1998.

Lacan, Jacques/ Haas, Norbert (Hg.): Schriften I. Frankfurt am Main: Suhrkamp 1973.

Ludin, Joseph: Doppelzüngigkeit und Mehrzüngigkeit. Sprechen und Identifizieren in der
psychoanalytischen Erfahrung. In: Grözinger, Karl E. (Hg.): Sprache und Identität im
Judentum. Wiesbaden: Harrassowitz 1998, S. 15–28.

Pagel, Gerda: Jacques Lacan. Zur Einführung. Hamburg: Ed. SOAK im JuniusVerlag 1989.

Thim-Mabrey, Christiane: Sprachidentität – Identität durch Sprache. Ein Problemaufriss aus
sprachwissenschaftlicher Sicht. In: Janich, Nina/Thim-Mabrey, Christiane (Hg.):
Sprachidentität – Identität durch Sprache. Tübingen: Gunter Narr Verlag Tübingen
2003, S. 1-18.

Stern, Heiko: Sprache zwischen Exil und Identität. Die Konstitution von Heimat durch
Sprache bei Elisabeth Augustin. In: O'Dochartaigh, Pól (Hg.): Jews in German
literature since 1945. German-Jewish literature. Amsterdam: Rodopi 2000, S. 77–93.

Weidermann, Volker: Terézia Moras Roman „Alle Tage". Aus einer anderen Welt. In:
https://www.faz.net/aktuell/feuilleton/buecher/terezia-moras-erster-roman-alle-tage-
1171985.html (15.03.22).

Widmer, Peter: Subversion des Begehrens. Jacques Lacan oder die zweite Revolution der
Psychoanalyse. Frankfurt am Main: Fischer Taschenbuch Verlag 1990.

VII. Bibliothekstest

Zertifikat

x

**hat am 19. Apr 2021 den obligatorischen ILIAS-Test "IDSL I Bibliothekstest
(SoSe 2021)" mit 47 von 59 Punkten bestanden.**

Bibliothek des IDSL I

Bibliotheksbenutzung und Recherche

Dieses Schreiben wurde maschinell erstellt und ist ohne Unterschrift gültig.
Bitte drucken Sie dieses Zertifikat aus und reichen Sie eine Kopie mit der ersten Proseminar-
Hausarbeit im IDSL I oder IDSL II ein.